Sylvanus Mulowayi Wa Kayumba

LE LINTEAU/ THE LINTEL

Sylvanus Mulowayi Wa Kayumba

LE LINTEAU/ THE LINTEL

Aller Plus Haut

Éditions Croix du Salut

Imprint
Any brand names and product names mentioned in this book are subject to trademark, brand or patent protection and are trademarks or registered trademarks of their respective holders. The use of brand names, product names, common names, trade names, product descriptions etc. even without a particular marking in this work is in no way to be construed to mean that such names may be regarded as unrestricted in respect of trademark and brand protection legislation and could thus be used by anyone.

Cover image: www.ingimage.com

Publisher:
Éditions Croix du Salut
is a trademark of
International Book Market Service Ltd., member of OmniScriptum Publishing Group
17 Meldrum Street, Beau Bassin 71504, Mauritius
Printed at: see last page
ISBN: 978-613-7-37541-9

Le Linteau

La Loi des Asymptotes

Sylvanus Mulowayi Wa Kayumba

LE LINTEAU

INTRODUCTION

« Portes, élevez vos linteaux; élevez-vous, portes éternelles! Que le roi de gloire fasse son entrée!

Qui est ce roi de gloire?

L'Éternel fort et puissant, L'Éternel puissant dans les combats.

Portes, élevez vos linteaux; élevez-les, portes éternelles! Que le roi de gloire fasse son entrée! » Psaumes 24 :7-9

Les linteaux constituent une loi d'aboutissement de l'asymptote horizontale. C'est aussi une loi de frontière qui nous avertit que nous ne pouvons pas aller plus haut.

Dès que le maçon place les linteaux, même un simple passant voit que la construction de la maison s'arrêtera bientôt.

En d'autres termes le niveau des linteaux nous aide à fixer la hauteur de la maison en construction.

L'ordre est ici donné sous la plume de David aux portes d'élever leurs linteaux.

Lesdites portes ont-elles des oreilles pour entendre et des mains pour élever les linteaux ?

C'est à cette question que j'essayerai de répondre tout au long de cet exposé.

Il ne s'agit pas des portes d'une maison mais de toi et de moi à qui le Seigneur demande d'élever le niveau de la pureté de cœur et de l'obéissance en sa Parole afin qu'il entre davantage dans notre vie pour manifester sa gloire.

Ils nous demandent d'élever les linteaux et de nous élever pour entrer dans une dimension supérieure jour après jour.

Si ton linteau est celui d'un vélo, Dieu te donnera un vélo car c'est là ton asymptote horizontale.

Il y a des enfants de Dieu qui ne peuvent pas mettre dans le tronc plus de 10 Dollars Américains. C'est bien cela leur linteau financier. Et à ces frères et sœurs, Dieu ne peut leur donner au-delà ce qu'ils lui offrent.

C'est là la loi de la violence spirituelle qui doit nous animer tous afin d'atteindre la stature parfaite de Christ un jour.

Ne peut recevoir que celui qui sait donner.

Nous sommes des portes vivantes et nous avons chacun, selon la mesure de grâce une limite dans ce que nous faisons.

Cependant, nous pouvons encore déplacer le linteau d'hier pour que demain nous puissions aller plus haut que l'aigle.

La colombe et le corbeau volent tous mais l'aigle va plus haut. Nous ne devrions pas nous limiter à la prière d'hier. Elle doit continuer aujourd'hui et se poursuivre demain afin que le Seigneur de gloire fasse davantage son entrée dans notre vie !

Dieu te voit peut-être à une hauteur de 5 mètres et te demande d'élever encore ton linteau à 10 mètres ou même plus, afin que tu sois élevé plus aisément sans te cogner la tête au plafond de gloire du second temple.

Je fus arrêté aussi au linteau du diplôme d'études supérieures un jour. Et il a fallu en ce temps élever le linteau pour entrer dans la vie professionnelle et avoir une famille.

Aujourd'hui à 3 ans de la soixantaine, je peux bien voir les choses différemment.

Nous ne devrions pas continuer à nous plaindre. Au contraire nous devrions une fois de plus élever le linteau et nous élever aussi pour donner, pardonner et oublier.

J'ai beaucoup de respect à cet effet pour les papes catholiques. Ce sont des personnes qui ont élevé le linteau dans le temps et dans la continence et qui ne sont plus des occasions d'achoppement pour les autres.

La jeunesse devra élever le linteau de la force pour atteindre celui de la sagesse et la vieillesse celui du ministère pour susciter celui de la succession.

Chaque jour qui passe devra être une occasion d'acquérir une nouvelle dose de qualité et de sagesse afin d'être utile à la famille et à la société.

Nous avons tous deux sacs :

- Celui de l'humanisme et
- Celui de la spiritualité.

Nous devrions élever le linteau pour mourir davantage quant à la chair afin de devenir plus souple dans la chose de Dieu.

Il y a des gens qui nous observent et qui nous considèrent comme des modèles ou des affranchis. Et nous ne devrions pas nous arrêter par là. Nous sommes appelés à élever davantage le linteau et de nous lever personnellement pour savourer la gloire de notre Dieu et notre Père Céleste.

Nous élevons nos linteaux et enseignons aussi aux autres par de bons exemples comment élever leurs linteaux afin que le Roi de gloire fasse son entrée dans leur vie aussi.

C'est la présence de Dieu qui est l'absence totale du diable et des démons.

Les bons fruits se cueillent d'un arbre qui a bien grandi !

La jeunesse a plus de force que de sagesse et la vieillesse plus de sagesse que de force. Mais en élevant nos linteaux, nous aurons parmi nous des jeunes sages et des vieux forts marchant dans la gloire de Celui en qui il n'y a point de changement.

Cela est bien possible car plus nous élevons nos linteaux, plus l'impossible se fait remplacer par le possible, la mort par la vie et la nuit par le jour !

C'est bien cela le bon combat de la foi dynamique et vivante. Chaque jour, nous cherchons une nouvelle dimension avec notre Dieu pour manifester notre filiation et notre fraternité.

Nous n'avons pas le droit d'arrêter ce processus car il y a beaucoup de domaines où nous devrions élever le linteau pour atteindre un jour la stature parfaite de Christ.

La méditation de la Parole de Dieu nous fait élever jour après jour le linteau dans notre vie d'une manière ou d'une autre.

La vie de sanctification et celle du pardon mutuel sont une clé qui ouvre les hauteurs de la vie.

Nous n'avons pas besoin de baisser la garde car notre ennemi est méchant et plein de ruse.

Ce n'est pas contre les autres que nous lançons notre combat spirituel. Au contraire, c'est avec nous-mêmes.

Il y a hostilité entre la chair et l'esprit. Et pour gagner ce combat, il faudra une fois de plus élever le linteau de notre manière de voir la chose divine !

Il faut que l'esprit contrôle la chair car Dieu est Esprit. Et dans l'au-delà, derrière le dernier rectangle, c'est l'homme intérieur qui continue la trotte dans la présence éternelle de Dieu.

Au-dessus de la nécessité et de la passion, la mort est le dernier linteau pour tout homme et seule la foi en Jésus nous permet à nous élever au-delà de cette asymptote une fois pour du bon.

Nous avons connu tour à tour de grandes personnalités, riches et bien assises mais qui n'ont pas traversé le linteau de la mort.

A la fin de leur course, elles sont devenues de la nourriture pour les vers de terre.

Tous ont péché et privés de la gloire de Dieu, mais seul Christ est celui qui a vaincu le dernier ennemi de tous les hommes : la mort.

Que personne ne vous trompe car la relation avec Dieu commença dans les cieux et y continuera pour quiconque croira en Jésus comme Seigneur et Sauveur personnel.

Sans Jésus, personne ne pourra élever le linteau de la mort en face du dernier rectangle.

Ce qui est gratuit est souvent négligé et foulé aux pieds. Et cela me fait penser au roi David qui a passé presque toute sa vie dans la prière comme nous le montrent les psaumes.

Le linteau de l'école gardienne est l'école primaire.

Celui de l'école primaire est l'école secondaire.

Celui l'école secondaire est l'ensemble des études supérieures.

Le couronnement des études, c'est le travail, le mariage et la vie pratique où l'esprit doit avoir la préséance sur la chair.

Après un linteau élevé, il faut s'élever et reconstruire les murs avant de placer les toits.

Et dans le cas d'une maison déjà construire il faudra détruire toute la partie au-dessus du linteau avant de l'élever !

On ne peut pas refaire les linteaux et les portes sans consulter l'architecte et le maçon pour que la chose se passe sans ambages.

Le meilleur architecte c'est Dieu lui-même qui nous donné son Fils Unique Jésus pour nous y conduire pour le mieux.

Il y a toutes les mesures sur les linteaux et sur les portes entre les mains de notre Seigneur Jésus, le meilleur Architecte.

Venez nous y rejoindre et vous pourriez élever les linteaux dans votre vie et vous élever aussi pour que le Dieu de toute gloire fasse son entrée dans votre cœur afin de rester et de dîner avec lui !

L'Auteur

PORTES ETERNELLES

Nous sommes des portes éternelles venues de l'éternité et allant vers l'éternité.

Nous sommes venus de ciel depuis le jour de notre création et retournerons un jour vers Dieu, chacun en son tour et en son temps.

Dieu nous a ouvert la porte de son cœur en nous créant à son image et à sa ressemblance. C'est notre tour d'ouvrir la porte de notre cœur pour accueillir Jésus et le laisser nous conduire afin de nous introduire dans l'éternité.

On ne voyage pas sans passeport et sans visa. Même les colis sont liés d'une manière ou d'une à leurs responsables pour faciliter leur acheminement harmonieux à destination.

Sans Jésus dans notre vie, nous ne pourrions pas atteindre notre destination céleste. Nous devons jour pour jour élever le linteau de notre vie et inciter par notre obéissance, notre fidélité et notre discipline les autres pour nous rejoindre dans les parvis des lieux très hauts.

« Toutes ces villes étaient fortifiées, avec de hautes murailles, des portes et des barres; il y avait aussi des villes sans murailles en très grand nombre. » Deutéronome 3:5

Dans les temps passés, les villes étaient fortifiées avec :

- De hautes murailles,
- Des portes et
- Des barres.

Il y a aussi d'autres villes qui sont sans murailles et sans portes.

Ne ressemblez pas à des villes sans murailles, sans portes et sans barres.

Et pour avoir de hautes murailles, il faut élever les linteaux existant.

Il y a des linteaux :

- Dans la sphère spirituelle,
- Dans la sphère physique,
- Dans la sphère matérielle ;
- Dans la sphère financière et
- Dans la sphère émotionnelle.

Quelle est la hauteur de ton linteau spirituel, physique, matériel, financier et émotionnel ?

Devoir à domicile et individuel !

Qu'est qui peut entrer en toi de plus grand et que pourra sortir de toi de plus grand ?

A qui ou à quoi peux-tu fermer ou ouvrir ta porte ?

Et que peux-tu garder jalousement en toi ?

Je pense à la veuve devant le tronc du Seigneur Jésus. Elle y déposa tout ce qu'il lui restait pour vivre.

Et le Seigneur Jésus après avoir laissé le trône de gloire dans les cieux est venu nous donner la vie en abondance.

Que peux-tu donner de plus grand aux autres en ce moment où tu lis ces lignes ?

Je ne saurais nullement pas répondre à ta place !

Combien de temps tu passes avec ton téléphone en main ?

Pratiquement toute la journée et de fois toute la nuit. C'est à peine que tu dors.

Et comment de temps consacres-tu à lire ou à méditer sur la Parole de Dieu ?

Quand tu as un peu d'argent, combien donnes-tu à:

- Dieu,
- Ta femme ou ton mari,
- Tes enfants,
- Tes amis,
- Ceux qui n'en ont pas,
- Tes parents, frères et amis ?

Et finalement combien gardes-tu pour toi-même ?

Et quand tu donnes, que ressens-tu dans le fond de ton cœur ?

Donnes-tu par intérêt, par obligation, par responsabilité, pas trop plein, par amour ou par fraternité ?

Es-tu vraiment sensible à la souffrance des autres ?

Peux-tu passer de l'acte de donner à celui de pardonner ?

C'est bien cela l'école de l'élévation des linteaux afin que Dieu nous fasse asseoir à la table des grands.

Notre priorité est l'avancement du royaume des cieux.

Aimer Dieu de tout notre cœur, de toute notre intelligence et de toute notre force !

C'est le linteau dynamique spirituel !

Nous ne devons pas nous arrêter !

Chaque jour, plusieurs fois, nous ouvrons et fermons la porte de la maison au niveau de la barrière, du salon, de la salle à manger, de la cuisine, de la chambre à coucher et même de la salle de bain et des toilettes.

Et la nuit, avant de tout fermer, on vérifie si tout le monde est là !

Il en est de même dans notre vie spirituelle, il y a 3 grandes portes :

- Celle de la foi,
- Celle de l'espérance et
- Celle de l'amour qui nous conduit dans la vie éternelle !

C'est difficile et même impossible de faire entrer la voiture dans la gare sans ouvrir d'abord la barrière de la parcelle et ensuite celle du garage.

Dans la sphère physique, il y a aussi des portes. Et là, nous en comptons 5, à savoir :

- Celle de la vue,
- Celle de l'ouïe,
- Celle l'odorat ;
- Celle du goût ou de la langue et
- Celle du toucher.

Alors que l'homme intérieur entre et sort par les 3 facultés qui sont la volonté, l'intelligence et le sentiment, l'homme extérieur entre et sort par les 5 sens.

Ce fut avec les 5 sens que le serpent entraîna Eve d'abord et plus tard Adam dans la chute qui les fit expulser du Jardin d'Eden qui demeura fermé et gardé par les chérubins !

Eve entendit attentivement le serpent, elle vit que le fruit était bon à manger et à ouvrir les yeux. Elle le prit et en consomma et donna aussi à son époux qui en mangea aussi.

Le bon parfum donne une bonne odeur mais pas nécessairement un bon témoignage.

Il y a des gens qui dégagent physiquement une bonne odeur lors que spirituellement ce sont des sépulcres blanchis au dehors et pleins d'ossements pourris à l'intérieur.

Les yeux de Jacob avaient choisi Rachel qui était son linteau, mais pour son beau-père et pour Dieu c'était Léa qui n'avait pas une trop belle apparence extérieure.

Combien de gens touchèrent le Seigneur Jésus le jour de la guérison spontanée de la femme au flux de sang ?

Il y en avait plusieurs…

Mais cette femme-là le toucha de l'extérieur et de l'intérieur. Elle le toucha au bout de sa robe avec sa main et crut de tout son cœur qu'elle guérira et il en fut ainsi.

Et j'aimerais pendant qu'un de mes lecteurs parcourt ces lignes que son corps et son cœur s'accordent pour élever le linteau à tous les niveaux.

« Et, comme la porte a dû se fermer de nuit, ces hommes sont sortis; j'ignore où ils sont allés: hâtez-vous de les poursuivre et vous les atteindrez. » Josué 2:5

Les anciennes villes avaient des murailles et des portes que l'on fermait de nuit comme c'était le cas de la ville de Jéricho.

Le verset ci-haut fait allusion aux espions juifs sauvés par la Rahab, la prostituée alors qu'ils étaient recherchés.

Et ce jour-là, cette femme prostituée éleva son linteau et protégea les espions juifs qui lui renvoyèrent plus tard l'ascenseur et elle entra ainsi dans la généalogie du Seigneur !

Il faudra fermer notre cœur au mal et l'ouvrir au bien. C'est un choix simple mais délicat.

Alors que Jacob devrait prendre son temps pour élever son linteau jusqu'à Léa, il s'arrêta en cours de route et s'accrocha Rachel et travailla pour sa dot pendant 7 ans sans l'obtenir dans des bras le jour de la promesse !

C'est dans cette nuit-là que le père de Rachel lui ferma la porte d'accès pour lui amener Léa sa grande sœur !

Dans la folie amoureuse de la nuit des noces, il alla avec Léa sans le savoir !

Il faut bien regarder !

Vraiment, il faut bien considérer les choses autour de nous ; surtout pendant la nuit alors que les portes sont fermées !

Il a fallu élever le linteau pendant 7 ans pour récupérer effectivement Rachel...

Au fait nous pouvons élever les linteaux par les :

- Lois naturelles,
- Les lois universelles et
- Lois spirituelles.

Ça peut aller avec les lois naturelles jusqu'à un certain niveau et on se retrouve bloqués. On ne va pas arrêter la locomotive par là. Il faudra aller plus loin avec les lois universelles et enfin les lois spirituelles.

La nature obéit à Dieu plus que l'homme qui a montré ses limites même devant Covid-19.

La terre est fidèle à Dieu ainsi que le soleil, la lune et les étoiles depuis de longs siècles.

Les lois universelles ont échoué devant Covid-19 et devant d'autres maladies.

Mais les lois spirituelles n'échouent jamais pour quiconque croit en Dieu de tout son cœur !

La porte du Jardin d'Eden fut fermée après la chute de l'homme et celle du ciel fut ouverte depuis la croix !

Ce n'est plus avec les lois naturelles, ni les lois universelles que nous entrons au ciel, c'est avec les lois spirituelles dont les grandes asymptotes sont :

- La foi
- L'espérance et
- L'amour

Celui qui croit fait bien mais il ne devra pas s'arrêter à la foi. Il devra aller plus loin ver s l'espérance et l'amour.

Nous ne croyons pas au Seigneur pour appartenir à une église locale. C'est pour lui appartenir et pour le servir.

Comme un bon architecte, nous commençons notre révolution dans la sphère spirituelle par la nouvelle naissance en traversant la Mer Rouge où nous laissons mourir la chair pour continuer avec l'esprit car Dieu est Esprit.

Il y a un combat entre l'esprit et la chair. Et c'est à ce niveau que nous devons élever le linteau dans la louange, l'adoration, la lecture de la Parole de Dieu et sa méditation.

« Que ce livre de la loi ne s'éloigne point de ta bouche; médite-le jour et nuit, pour agir fidèlement selon tout ce qui y est écrit; car c'est alors que tu auras du succès dans tes entreprises, c'est alors que tu réussiras. » Josué 1 :8

Le christianisme n'est une tradition, ni une religion, mais plutôt une vie.

Nous vivons avec Dieu en tant que Père, Fils et Saint-Esprit dans notre cœur pour ainsi manifester sa présence dans notre vie de tous les jours.

Nous devons aller de Jérusalem (notre personne) en Judée (notre famille) ; en Samarie (notre société ou notre nation) et jusqu'aux extrémités de la terre (le monde entier).

Cette Bonne Nouvelle doit aussi atteindre l'Asie avant que le Seigneur ne revienne. Car nous sommes sauvés pour apporter e salut aux autres et de leur montrer combien le Seigneur Dieu est bon.

Nous ne resterons pas seulement dans la famille et dans l'église local, nous sommes appelés à élever notre linteau et à nous élever dans la Parole de Dieu afin d'atteindre la stature parfaite de Christ.

Après la sphère spirituelle on a la garantie de l'aspect physique, matériel, financier et émotionnel pour marquer positivement notre époque et attirer les autres au Seigneur.

Le corps est notre premier ennemi car il a des désirs contraires à la volonté de Dieu.

Et la tentation vient d'abord dans la chair. Nous avons besoin alors de la maîtrise de personnelle pour aller plus loin.

Et c'est dans le Saint-Esprit que nous la trouverons sans payer.

Nous n'avons pas d'exercices physiques à faire pour développer le sens de responsabilité en ce que nous faisons.

Nous devons soigner le corps et le nourrir. Nous devons aussi nous protéger contre les intempéries.

En plus nous devons travailler et épargner pour évoluer dans le domaine financier et matériel et nous souvenir de la dîme et des offrandes ainsi que des actions de grâce pour notre prospérité.

Enfin vient la grande équation de la vie, celle de la bonne gestion des émotions !

Il est facile de gérer nos actions mais difficile de contrôler nos réactions et nos émotions.

C'est là la nécessité du Sermon sur la Montagne et de la communion avec le Saint-Esprit.

« Car, je vous le dis, si votre justice ne surpasse celle des scribes et des pharisiens, vous n'entrerez point dans le royaume des cieux.

Vous avez entendu qu'il a été dit aux anciens: Tu ne tueras point; celui qui tuera mérite d'être puni par les juges.

Mais moi, je vous dis que quiconque se met en colère contre son frère mérite d'être puni par les juges; que celui qui dira à son frère: Raca! Mérite d'être puni par le sanhédrin; et que celui qui lui dira: Insensé! Mérite d'être puni par le feu de la géhenne.

Si donc tu présentes ton offrande à l'autel, et que là tu te souviennes que ton frère a quelque chose contre toi,

Laisse là ton offrande devant l'autel, et va d'abord te réconcilier avec ton frère; puis, viens présenter ton offrande.

Accorde-toi promptement avec ton adversaire, pendant que tu es en chemin avec lui, de peur qu'il ne te livre au juge, que le juge ne te livre à l'officier de justice, et que tu ne sois mis en prison.

Je te le dis en vérité, tu ne sortiras pas de là que tu n'aies payé le dernier quadrant.

Vous avez appris qu'il a été dit: Tu ne commettras point d'adultère.

Mais moi, je vous dis que quiconque regarde une femme pour la convoiter a déjà commis un adultère avec elle dans son cœur.

Si ton œil droit est pour toi une occasion de chute, arrache-le et jette-le loin de toi; car il est avantageux pour toi qu'un seul de tes membres périsse, et que ton corps entier ne soit pas jeté dans la géhenne.

Et si ta main droite est pour toi une occasion de chute, coupe-la et jette-la loin de toi; car il est avantageux pour toi qu'un seul de tes membres périsse, et que ton corps entier n'aille pas dans la géhenne. » Mathieu 5 :20-30

Ceci constitue l'école de la rigueur !

Nous devons élever le linteau au-dessus de celui des scribes et des pharisiens.

Nous devons passer du linteau de Nicodème à celui de la femme samaritaine.

C'est le temps de passer du linteau de la théorie à celui de la pratique.

Nous devons passer de la parole aux œuvres et de la foi aux miracles.

Sans le Saint-Esprit, cet exercice est difficile et même impossible !

Adam accusa sa femme devant Dieu et Jésus prit la place de son Epouse à la croix !

« Vous avez appris qu'il a été dit: œil pour œil, et dent pour dent.

Mais moi, je vous dis de ne pas résister au méchant. Si quelqu'un te frappe sur la joue droite, présente-lui aussi l'autre.

Si quelqu'un veut plaider contre toi, et prendre ta tunique, laisse-lui encore ton manteau.

Si quelqu'un te force à faire un mille, fais-en deux avec lui.

Donne à celui qui te demande, et ne te détourne pas de celui qui veut emprunter de toi.

Vous avez appris qu'il a été dit: Tu aimeras ton prochain, et tu haïras ton ennemi.

Mais moi, je vous dis: Aimez vos ennemis, bénissez ceux qui vous maudissent, faites du bien à ceux qui vous haïssent, et priez pour ceux qui vous maltraitent et qui vous persécutent,

Afin que vous soyez fils de votre Père qui est dans les cieux; car il fait lever son soleil sur les méchants et sur les bons, et il fait pleuvoir sur les justes et sur les injustes. » Mathieu 5 :38-45

Cette partie représente l'école du sacrifice car nous devons élever notre linteau jusqu'à aimer ceux qui ne nous aiment pas. Et si Moïse revenait en ce moment au milieu de nous pour lire avec nous cette parole, il nous dira que ce n'est celle qu'il avait entendu au Mont Sinaï !

LE LINTEAU DE SAMSON

Samson, un homme fort avait aussi un linteau. Cet homme fort qui avait une très grande force physique avait un grand penchant pour Délila, la philistine.

« Après cela, il aima une femme dans la vallée de Sorek. Elle se nommait Délila.

Les princes des Philistins montèrent vers elle, et lui dirent: Flatte-le, pour savoir d'où lui vient sa grande force et comment nous pourrions nous rendre maîtres de lui; nous le lierons pour le dompter, et nous te donnerons chacun mille et cent sicles d'argent.

Délila dit à Samson: Dis-moi, je te prie, d'où vient ta grande force, et avec quoi il faudrait te lier pour te dompter.

Samson lui dit: Si on me liait avec sept cordes fraîches, qui ne fussent pas encore sèches, je deviendrais faible et je serais comme un autre homme.

Les princes des Philistins apportèrent à Délila sept cordes fraîches, qui n'étaient pas encore sèches. Et elle le lia avec ces cordes.

Or des gens se tenaient en embuscade chez elle, dans une chambre. Elle lui dit: Les Philistins sont sur toi, Samson! Et il rompit les cordes, comme se rompt un cordon d'étoupe quand il sent le feu. Et l'on ne connut point d'où venait sa force.

Délila dit à Samson: Voici, tu t'es joué de moi, tu m'as dit des mensonges. Maintenant, je te prie, indique-moi avec quoi il faut te lier.

Il lui dit: Si on me liait avec des cordes neuves, dont on ne se fût jamais servi, je deviendrais faible et je serais comme un autre homme.

Délila prit des cordes neuves, avec lesquelles elle le lia. Puis elle lui dit: Les Philistins sont sur toi, Samson! Or des gens se tenaient en embuscade dans une chambre. Et il rompit comme un fil les cordes qu'il avait aux bras.

Délila dit à Samson: Jusqu'à présent tu t'es joué de moi, tu m'as dit des mensonges. Déclare-moi avec quoi il faut te lier. Il lui dit: Tu n'as qu'à laisser les sept tresses de ma tête avec la chaîne du tissu.

Et elle les fixa par la cheville. Puis elle lui dit: Les Philistins sont sur toi, Samson! Et il se réveilla de son sommeil, et il arracha la cheville du tissu et le tissu.

Elle lui dit: Comment peux-tu dire: Je t'aime! Puisque ton cœur n'est pas avec moi? Voilà trois fois que tu t'es joué de moi, et tu ne m'as pas déclaré d'où vient ta grande force.

Comme elle était chaque jour à le tourmenter et à l'importuner par ses instances, son âme s'impatienta à la mort,

Il lui ouvrit tout son cœur, et lui dit: Le rasoir n'a point passé sur ma tête, parce que je suis consacré à Dieu dès le ventre de ma mère. Si j'étais rasé, ma force m'abandonnerait, je deviendrais faible, et je serais comme tout autre homme.

Délila, voyant qu'il lui avait ouvert tout son cœur, envoya appeler les princes des Philistins, et leur fit dire: Montez cette fois, car il m'a ouvert tout son cœur. Et les princes des Philistins montèrent vers elle, et apportèrent l'argent dans leurs mains.

Elle l'endormit sur ses genoux. Et ayant appelé un homme, elle rasa les sept tresses de la tête de Samson, et commença ainsi à le dompter. Il perdit sa force.

Elle dit alors: Les Philistins sont sur toi, Samson! Et il se réveilla de son sommeil, et dit: Je m'en tirerai comme les autres fois, et je me dégagerai. Il ne savait pas que l'Éternel s'était retiré de lui.

Les Philistins le saisirent, et lui crevèrent les yeux; ils le firent descendre à Gaza, et le lièrent avec des chaînes d'airain. Il tournait la meule dans la prison. » Juges 16 4:21

Samson avec donné sa force à Dieu et son cœur à Délila alors que cette dernière avait donné son corps à Samson et son cœur à son peuple à cause de l'argent.

La cupidité est un vilain défaut qui pousse les femmes sur le chemin de la prostitution et les hommes sur celui du vol et du détournement.

L'argent était pour elle plus important que le cœur de Samson. Elle avait oublié une chose. C'est qu'elle mourut le même jour avec Samson alors que Judas mourut un jour avant Jésus qu'il avait trahi.

Chaque fois que Samson déviait son attention sur le secret de sa force, elle élevait le linteau dans la gentillesse et dans le charme.

Et finalement elle obtint le secret de la force de Samson et le vendit aux philistins à prix d'argent.

Oui, l'argent est un linteau qui a coulé beaucoup de gens dans la ruine et dans la perdition.

« Nul ne peut servir deux maîtres. Car, ou il haïra l'un, et aimera l'autre; ou il s'attachera à l'un, et méprisera l'autre. Vous ne pouvez servir Dieu et Mamon. » Mathieu 6 :24

Une fois de plus, le Sermon sur la Montagne répond à la question d'argent. L'amour de Dieu doit occuper la première place dans notre vie. Notre priorité est la cause du royaume des cieux.

« Ne vous livrez pas à l'amour de l'argent ; contentez-vous de ce que vous avez ; car Dieu lui-même a dit: Je ne te délaisserai point, et je ne t'abandonnerai point. » Hébreux 13:5

Joseph, toute sa vie n'avait utilisé de l'argent pour élever le linteau de sa vie. Il est passé d'étape inférieure en étape supérieure graduellement sans un compte en banque et sans un seul diplôme et a écrit dans la marge de sa famille et dans celle du peuple d'Israël.

Jean Baptiste, le plus grand de tous ceux qui sont de la femme vivait au-dessus du linteau de l'argent.

Je ne vous demande pas de brûler le solde de votre compte en banque, mais d'avoir de la maîtrise pour que vous ne deveniez pas un esclave de l'argent !

Vous êtes déjà au service de Dieu, ne vous mettez pas encore à celui de l'argent comme Délila et Judas Iscariote !

Et quand Samson lui ouvrit le cœur, elle lui fit entrer 3 choses :

- La captivité,
- La cécité et
- La mort.

La captivité, après lui avoir coupé les cheveux fut suivie par le départ non négocié de la force divine qui était en lui.

De qui et de quoi es-tu captif ?

De l'argent ?

Du sexe ?

Du plaisir de ce monde ?

De la souffrance des autres ?

La liste n'est pas exhaustive…

Deviens esclave de Dieu et il te rendra grand dans tout ce que tu entreprendras !

Après la trahison de Délila, tout le monde avait oublié que ses cheveux se mirent à pousser et la force de Dieu qui renouvelle sa bonté chaque matin commençait en lui revenir petit à petit.

Et quand il se sentit apte de répliquer il redonner sa force, son cœur et même sa vie à Dieu en mourant ce jour-là avec 3.000 personnes y compris la traitresse Délila.

LE LINTEAU DE MOISE

« Moïse, serviteur de l'Éternel, mourut là, dans le pays de Moab, selon l'ordre de l'Éternel.

Et l'Éternel l'enterra dans la vallée, au pays de Moab, vis-à-vis de Beth Peor. Personne n'a connu son sépulcre jusqu'à ce jour.

Moïse était âgé de cent vingt ans lorsqu'il mourut; sa vue n'était point affaiblie, et sa vigueur n'était point passée.

Les enfants d'Israël pleurèrent Moïse pendant trente jours, dans les plaines de Moab; et ces jours de pleurs et de deuil sur Moïse arrivèrent à leur terme.

Josué, fils de Nun, était rempli de l'esprit de sagesse, car Moïse avait posé ses mains sur lui. Les enfants d'Israël lui obéirent, et se conformèrent aux ordres que l'Éternel avait donnés à Moïse.

Il n'a plus paru en Israël de prophète semblable à Moïse, que l'Éternel connaissait face à face.

Nul ne peut lui être comparé pour tous les signes et les miracles que Dieu l'envoya faire au pays d'Égypte contre Pharaon, contre ses serviteurs et contre tout son pays,

Et pour tous les prodiges de terreur que Moïse accomplit à main forte sous les yeux de tout Israël. » Genèse 34 :5-12

Le linteau de Moïse, le libérateur du peuple d'Israël était la mort. Ce fut un prophète exceptionnel au milieu du peuple d'Israël qui était fort en signes et miracles.

Cet homme mourut au pays de Moab après avoir coupé la Mer Rouge avec son bâton, conduit le peuple de Dieu dans le désert pendant 40 ans à 120 ans avec une vue encore puissante alors que j'ai mis mes lunettes à 30 ans !

Personne jusqu'à ce jour ne connut son sépulcre car il fut enterré par Dieu lui-même sans lui permettre de traverser le Jourdain afin d'introduire Israël dans la Terre Promise.

Le linteau des géants dans ce système des choses est la mort !

Nous mourrons un après un autre ou de fois en groupe avant d'aller à la rencontre de celui de qui nous sommes venus !

Si un homme puissant et fort comme Moïse n'a pas pu traverser le Jourdain en face de Dieu, à combien plus forte raison ne devrions-nous pas nous préparer à la vie éternelle pendant qu'il fait encore jour.

Cet homme parla bouche à avec Dieu au Mont Sinaï pendant 40 jours et 40 nuits est mort un jour sans avoir fini sa mission complètement, que dire de toi et de moi dans la moisson du Seigneur ?

Oui, la moisson est grande et personne ne peut personnellement tout faire. C'est à cause de cela que Moïse avait un bon et fidèle serviteur, Josué fils de Nun qui prit la relève après lui.

Pourquoi Moïse est-il mort ?

La mort est naturelle et visite chaque être humain et animal en son temps selon le bon vouloir de notre Dieu et Père Céleste.

Dans le cas de Moïse, il pouvait bien traverser le Jourdain et aller mourir en son temps dans la terre promise en son temps.

Cependant cette mission fut arrêtée par Dieu lui-même à cause de la désobéissance de Moïse, comme il est écrit :

« Prends la verge, et convoque l'assemblée, toi et ton frère Aaron. Vous parlerez en leur présence au rocher, et il donnera ses eaux; tu feras sortir pour eux de l'eau du rocher, et tu abreuveras l'assemblée et leur bétail.

Moïse prit la verge qui était devant l'Éternel, comme l'Éternel le lui avait ordonné.

Moïse et Aaron convoquèrent l'assemblée en face du rocher. Et Moïse leur dit: Écoutez donc, rebelles! Est-ce de ce rocher que nous vous ferons sortir de l'eau?

Puis Moïse leva la main et frappa deux fois le rocher avec sa verge. Il sortit de l'eau en abondance. L'assemblée but, et le bétail aussi.

Alors l'Éternel dit à Moïse et à Aaron: Parce que vous n'avez pas cru en moi, pour me sanctifier aux yeux des enfants d'Israël, vous ne ferez point entrer cette assemblée dans le pays que je lui donne. » Nombres 20 :8-12

La désobéissance de Moïse n'était pas directe. Elle était liée à la tradition ou à la routine de vivre avec Dieu. On ne s'habitue pas à Dieu car chaque nouvelle fois qu'il s'adresse à nous, il a des instructions particulières à nous donner !

La dernière fois que Moïse avait fait sortir de l'eau dans le rocher, il se servit du bâton et frappa ledit rocher.

Cette fois-ci il ne fallait plus frapper le rocher mais parler devant lui...

Devant la congrégation juive, Moïse frappa deux fois le rocher au lieu de lui parler car c'est Christ lui-même qui les accompagnait.

A cause de cela, il lui fut refusé d'entrer en Terre Promise car Dieu est fidèle à sa Parole qui est lui-même !

Ne nous habituons pas à Dieu. Renouvelons notre attachement et notre fidélité envers lui tous les jours de notre vie dans ce système des choses.

LE LINTEAU DE GOLIATH

Ce fut un homme fort et puissant qui défia le peuple de Dieu pendant 40 jours.

« Saül dit à David: Tu ne peux pas aller te battre avec ce Philistin, car tu es un enfant, et il est un homme de guerre dès sa jeunesse.

David dit à Saül: Ton serviteur faisait paître les brebis de son père. Et quand un lion ou un ours venait en enlever une du troupeau,

Je courais après lui, je le frappais, et j'arrachais la brebis de sa gueule. S'il se dressait contre moi, je le saisissais par la gorge, je le frappais, et je le tuais.

C'est ainsi que ton serviteur a terrassé le lion et l'ours, et il en sera du Philistin, de cet incirconcis, comme de l'un d'eux, car il a insulté l'armée du Dieu vivant.

David dit encore: L'Éternel, qui m'a délivré de la griffe du lion et de la patte de l'ours, me délivrera aussi de la main de ce Philistin. Et Saül dit à David: Va, et que l'Éternel soit avec toi!

Saül fit mettre ses vêtements à David, il plaça sur sa tête un casque d'airain, et le revêtit d'une cuirasse.

David ceignit l'épée de Saül par-dessus ses habits, et voulut marcher, car il n'avait pas encore essayé. Mais il dit à Saül: Je ne puis pas marcher avec cette armure, je n'y suis pas accoutumé. Et il s'en débarrassa.

Il prit en main son bâton, choisit dans le torrent cinq pierres polies, et les mit dans sa gibecière de berger et dans sa poche. Puis, sa fronde à la main, il s'avança contre le Philistin.

Le Philistin s'approcha peu à peu de David, et l'homme qui portait son bouclier marchait devant lui.

Le Philistin regarda, et lorsqu'il aperçut David, il le méprisa, ne voyant en lui qu'un enfant, blond et d'une belle figure.

Le Philistin dit à David: Suis-je un chien, pour que tu viennes à moi avec des bâtons? Et, après l'avoir maudit par ses dieux,

Il ajouta: Viens vers moi, et je donnerai ta chair aux oiseaux du ciel et aux bêtes des champs.

David dit au Philistin: Tu marches contre moi avec l'épée, la lance et le javelot; et moi, je marche contre toi au nom de l'Éternel des armées, du Dieu de l'armée d'Israël, que tu as insultée.

Aujourd'hui l'Éternel te livrera entre mes mains, je t'abattrai et je te couperai la tête; aujourd'hui je donnerai les cadavres du camp des Philistins aux oiseaux du ciel et aux animaux de la terre. Et toute la terre saura qu'Israël a un Dieu. » 1 Samuel 17 :33-46

Goliath était le linteau inébranlable d'Israël devant lequel Saül, son fils Jonathan et tout le peuple d'Israël reculait en tremblant.

Personne ne pouvait répondre au défi de cet incirconcis face au peuple de Dieu.

Il avait un linteau lui aussi que les autres ne savaient pas.

David demanda au roi Saül l'autorisation d'aller enlever la honte d'Israël face à cet incirconcis.

Saül ne crut en aucune manière que cet enfant pouvait renverser le géant Goliath.

Il lui donna les vêtements de son linteau de guerre, mais David les lui remit et se décida d'y aller avec un bâton et 5 pierres prises dans le torrent.

Le linteau de David était la confiance en Dieu.

Le linteau de Goliath était le mépris et la confiance en sa force physique !

Et ce jour-là, il perdit la bataille et mourut sur le champ sous l'épée du jeune David qui lui coupa la tête qu'il amena au roi Saül qui n'en revenait pas...

Il y a plusieurs linteaux qui nous bloquent la porte du succès :

- La peur
- Le doute
- Le mensonge
- L'orgueil
- Le mépris
- La négligence
- L'incrédulité
- La division

- Le manque de pardon
- La vie dans le péché
- L'ignorance
- Le manque de Saint-Esprit
- L'égoïsme et les choses similaires.

Je ne sais qu'est-ce qui est écrit sur le linteau de ta porte.

Je te propose de l'effacer pour y mentionner dorénavant : « Crois seulement au Seigneur Jésus et tu seras sauvé, toi et toute ta famille ».

CONCLUSION

Nous sommes tous limités d'une manière ou d'une autre malgré notre volonté d'aller plus loin. Et pour cela, nous avons besoin de celui qui n'a pas de linteau ni dans le passé, dans le présent et dans les jours à venir.

Jésus est notre linteau par la foi en lui qui nous fait marcher de gloire en gloire et de victoire en victoire.

C'est lui qui nous donne le Saint-Esprit dont nous avons besoin afin de fendre les barrières de notre ennemi.

Tout ce que Dieu a créé bouge et se déplace d'une manière ou d'une autre. Nous devons aussi être en activité car la foi chrétienne est une vie dynamique dont l'équilibre ressemble à celui du vélo à deux roues !

Nous devons encore en ce jour élever le linteau pour que demain, nous puissions faire ce que nous ne pouvions pas faire le jour passé !

Nous n'allons pas nous limiter à élever seulement le linteau, mais aussi à nous élever comme David.

Il est venu ce jour-là comme un garçon de courses pour voir comment se portaient ses grands-frères au front.

Il éleva le linteau en refusant d'avoir peur comme les autres et en faisant confiance en Dieu et cela l'éleva au rang de beau-fils du roi et plus tard il devint aussi roi !

C'est bien cela le combat de la foi qui ne consiste pas à crier et à chasser les démons...

Il consiste au contraire à entrer dans sa chambre et de fermer la porte de son cœur au mal pour l'ouvrir au bien avec Dieu.

Pierre tomba sur les eaux du lac de Galilée, il nia Jésus 3 fois, il jeta le filet à gauche toute la nuit sans prendre un seul fretin mais le jour de Pentecôte, il éleva son linteau et ramena 300.000 âmes au Seigneur.

Rassemblons nos forces et croyons en Dieu pour élever notre linteau spirituel, physique, matériel, financier et émotionnel afin que le Roi de toute gloire fasse son entrée.

L'Auteur

L'AUTEUR

Sylvanus Mulowayi Wa Kayumba, Traducteur Assermenté, Polyglotte, Aumônier et Prédicateur de la Parole de DIEU.

Avec une plume vieille de 37 ans dans la main, en cavalier solitaire, il a pour passion, les idées nobles, le travail bien fait et l'amour du beau.

Près de la moitié de sa vie, il l'a passée avec les malades et les prisonniers à l'aumônerie.

Une chose est vraie, c'est que tout homme a le droit d'aimer, d'apprécier et de penser. Sa force est dans le plaisir d'écrire et de lire aussi les autres. Il a beaucoup de respect, d'égard et de déférence pour le stylographe et la feuille de papier.

Son rêve est de rassembler la brise et la tempête dans un même lit et sous un même drap pour un monde conduit par l'amour et le pardon.

Son attente est qu'un jour le riche et le pauvre, le fort et le faible, le maître et l'esclave se rencontrent pour contempler ensemble celui de qui ils sont sortis et vers qui ils rentreront un jour, chacun en son temps et en sa circonstance.

Ne peut recevoir que celui qui a déjà donné une fois, au moins !

L'Auteur

Sylvanus Mulowayi Wa Kayumba
Email : dasylvahmolvak@gmail.com
You Tube : Dasylvah Only Jesus

TABLE DES MATIERES

THE LINTEL

The Law of Asymptotes

Sylvanus Mulowayi Wa Kayumba

THE LINTEL

INTRODUCTION

« Doors, lift up your lintels; rise up, eternal doors! May the King of Glory make his entrance!

Who is this king of glory?

The Lord strong and mighty, the Lord mighty in battle.

Doors, raise up your lintels; lift them up, eternal doors! May the King of Glory make his entrance! » Psalm 24: 7-9

The lintels constitute a law of termination of the horizontal asymptote. It is also a border law that warns us that we cannot go higher.

As soon as the mason places lintels, even a casual passerby sees that the house construction will soon come to a halt.

In other words, lintels level helps us to fix the house height under construction.

The order here is given from David's pen to gates to raise their lintels.

Do the said doors have ears to hear and hands to raise lintels?

This is the question I will attempt to answer throughout this talk.

It is not about a house doors but about you and me to whom the Lord asks to raise the level of purity of heart and obedience in his Word so that he enters more into our life to manifest his glory.

They ask us to lift lintels and lift ourselves up into a higher dimension day by day.

If your lintel is that of a bicycle, God will give you a bicycle because that is your horizontal asymptote.

There are children of God who cannot put more than 10 US Dollars in the trunk. This is their financial backbone. And to these brothers and sisters, God cannot give them beyond what they offer Him.

This is the law of spiritual violence which must animate us all in order to attain Christ's perfect stature someday.

Can only receive one who knows how to give.

We are living doors and we each have, according to the measure of grace, a limit in what we do.

However, we can still move the lintel from yesterday so that tomorrow we can go higher than the eagle.

The dove and the raven all fly, but the eagle goes higher. We should not limit ourselves to yesterday's prayer. It must continue today and continue tomorrow so that the Lord of glory may come more into our lives!

Perhaps God sees you at a height of 5 meters and asks you to raise your lintel again to 10 meters or even more, so that you can be lifted more easily without banging your head against the ceiling of glory of the Second Temple.

I was also stopped at the lintel of the graduate degree one day. And it was necessary at this time to raise the lintel to enter professional life and have a family.

Now at 3 in my 60s, I can see things differently.

We shouldn't keep complaining. Rather we should once again lift up the lintel and also lift ourselves up to give, forgive and forget.

I have great respect for Catholic popes in this regard. They are people who have raised the lintel in time and in continence and who are no longer stumbling blocks for others.

Youth will have to raise strength lintel to reach that of wisdom, and old age that of ministry to arouse that of succession.

Each day that passes should be an opportunity to acquire a new dose of quality and wisdom in order to be of use to family and society.

We both have two bags:

- That of humanism and
- That of spirituality.

We should raise the lintel to die more as to the flesh to become more flexible in the thing of God.

There are people who observe us and who consider us as models or freedmen. And we shouldn't stop there.

We are called to raise the lintel higher and to stand up personally to savor the glory of our God and our Heavenly Father.

We raise our lintels and also teach others by good examples how to raise their lintels so that the King of glory comes into their lives as well.

It is the presence of God that is the total absence of the devil and demons.

Good fruit is gathered from a tree that has grown well!

Youth has more strength than wisdom, and old age more wisdom than strength. But as we lift up our lintels, we will have among us wise young people and strong old men walking in the glory of Him in whom there is no change.

This is very possible because the higher we raise our lintels, the more the impossible is replaced by the possible, death by life and night by day!

This is the good fight of dynamic and living faith. Every day, we seek a new dimension with our God to manifest our filiation and our fraternity.

We have no right to stop this process because there are many areas where we should raise the lintel to one day reach the perfect stature of Christ.

Meditating on God's Word makes us raise the lintel in our lives day after day in one way or another.

The life of sanctification and that of mutual forgiveness make a key that unlocks the heights of life.

We do not need to let our guard down because our enemy is wicked and cunning.

It is not against others that we launch our spiritual warfare. On the contrary, it is with ourselves.

There is hostility between the flesh and the spirit. And to win this fight, we will once again have to raise the lintel of our way of seeing the divine thing!

The spirit must control the flesh because God is Spirit. And in the beyond, behind the last rectangle, it is the interior man who continues the trot in the eternal presence of God.

Above necessity and passion, death is the last lintel for every man and only faith in Jesus allows us to rise beyond this asymptote once and for good.

We have known in turn great personalities, rich and well seated but who have not crossed the lintel of death.

At the end of their run, they became food for earthworms.

All have sinned and come short of the glory of God, but only Christ is the one who conquered the last enemy of all men: death.

Let no one deceive you because the relationship with God began in heaven and will continue there for anyone who believes in Jesus as Lord and personal Savior.

Without Jesus, no one will be able to raise the lintel of death in front of the last rectangle.

What is free is often overlooked and trampled on. And it reminds me of King David who spent most of his life in prayer as the Psalms show us.

The lintel of the guardian school is the primary school.

The one in primary school is secondary school.

That of secondary school is the whole of higher education.

The crown of study is work, marriage and practical life where the spirit must take precedence over the flesh.

After a high lintel, it is necessary to rise and rebuild the walls before placing the roofs.

And in the case of a house already built, it will be necessary to destroy the entire part above the lintel before raising it!

You can't redo lintels and doors without consulting the architect and the mason to make it happen.

The best architect is God himself who gave us his Only Son Jesus to lead us there for the best.

There are all measurements on lintels and on doors in our Lord Jesus' hands, the best Architect.

Come and join us there and you could lift the lintels in your life and also lift yourself so that the God of all glory may enter your heart to stay and dine with him!

The Author

ETERNAL DOORS

We are eternal doors from eternity and going to eternity.

We have come from heaven since the day of our creation and will one day return to God, each in his turn and in his time.

God opened the door to his heart for us by creating us in his image and likeness. It is our turn to open the door of our heart to welcome Jesus and let him lead us in order to introduce us into eternity.

You cannot travel without a passport and without a visa. Even packages are linked in some way to their managers to facilitate their smooth delivery to their destination.

Without Jesus in our life, we could not reach our heavenly destination. We must day by day raise the lintel of our life and incite by our obedience, our fidelity and our discipline the others to join us in the courts of the very high places.

"All these cities were fortified, with high walls, gates and bars; there were also very large numbers of towns without walls. " Deuteronomy 3: 5

In times past, cities were fortified with:

- High walls,
- Doors and
- Bars.

There are also other cities which are without walls and without gates.

Do not be like cities without walls, without doors and without bars.

And to have high walls, it is necessary to raise the existing lintels.

There are lintels:

- In spiritual sphere,
- In physical sphere,
- In material sphere;
- In financial sphere and
- In emotional sphere.

How high is your spiritual, physical, material, financial and emotional lintel?

Home and individual duty!

What is greatest that can come into you and what can come out of you that greater?

Who or what can you close or open your door to?

And what can you keep jealously inside yourself?

I think of the widow before the trunk of the Lord Jesus. She dropped there all she had left to live on.

And the Lord Jesus after leaving the throne of glory in heaven came to give us abundant life.

What more can you give to others as you are reading these lines?

I wouldn't know how to answer for you!

How much time do you spend with your phone in hand?

Mostly all day and sometimes all night. You barely sleep.

And how much time do you spend reading or meditating on the Word of God?

When you have some money, how much do you give to:

- God,
- Your wife or your husband,
- Your children,
- Your friends,
- Those who do not have one,
- Your parents, brothers and friends?

And finally how much do you keep for yourself?

And when you give, what do you feel in the bottom of your heart?

Do you give out of interest, out of obligation, out of responsibility, out of too full, out of love or out of fraternity?

Are you really sensitive to others suffering?

Can you switch from giving to forgiving?

This is the school of raising the lintels so that God may make us sit at the table of the great.

Our priority is heaven kingdom advancement.

To love God with all our heart, with all our intelligence and with all our strength!

This is dynamic spiritual lintel!

We must not stop!

Every day, several times, we open and close the door of the house at the level of the gate, the living room, the dining room, the kitchen, the bedroom and even the bathroom and the toilet.

And at night, before closing everything, we check if everyone is there!

It is the same in our spiritual life, there are 3 big doors:

- That of faith,
- That of hope and
- That of love which leads us into eternal life!

It is difficult and even impossible to get the car into the garage without opening the plot gate first and then the garage one.

In body sphere there are also doors. And there we have 5, namely:

- That of sight,
- That of hearing,
- That of smell;
- That of taste or language and
- That of touch.

While the inner man enters and leaves through the 3 faculties which are will, intelligence and feeling, the outer man enters and leaves through the 5 senses.

It was with the 5 senses that the serpent dragged Eve first and later Adam into the fall which caused them to be expelled from the Garden of Eden which remained closed and guarded by the cherubim!

Eve attentively heard the snake, she saw that the fruit was good to eat and to open the eyes. She took it and ate it and also gave it to her husband who also ate it.

The expensive perfume gives a good smell but not necessarily a good testimony.

There are people who smell good physically when spiritually they are sepulchres whitewashed on the outside and full of rotten bones on the inside.

Jacob's eyes had chosen Rachel to be his lintel, but for his father-in-law and for God it was Leah who did not have too good an outward appearance.

How many people touched the Lord Jesus on the day of the spontaneous healing of the woman with the flow of blood?

There were several...

But this woman touched him from the outside and the inside. She touched him at the end of his robe with her hand and believed with all her heart that she would be healed and so it was.

And as one my readers is going through these lines, I'd like one's body and one's heart to come together to raise the lintel on all levels.

« And, as the door must have been closed at night, these men went out; I do not know where they went: make haste to pursue them and you will reach them. » Joshua 2: 5

Ancient cities had walls and gates that were closed at night as was the case with the city of Jericho.

The above verse alludes to the Jewish spies rescued by the Rahab, the harlot while they were wanted.

And that day this prostitute woman raised her lintel and protected the Jewish spies who later returned the lift to her and thus entered the genealogy of the Lord!

We will have to close our heart to evil and open it to good. It's a simple but delicate choice.

While Jacob should take his time raising his lintel up to Leah, he stopped along the way and latched onto Rachel and worked for her dowry for 7 years without getting her in arms on the day of the promise!

It was that night that Rachel's father closed the front door for her to bring her her older sister Leah!

In the madness of love on the wedding night, he went with Lea without knowing it!

You have to watch!

Really, we have to consider the things around us; especially at night when the doors are closed!

It was necessary to raise the lintel for 7 years to actually recover Rachel ...

By the way we can raise the lintels by the:

- Natural laws,
- Universal laws and
- Spiritual laws.

It can go with natural laws up to a certain level and you get stuck. We're not going to stop the locomotive there. We will have to go further with the universal laws and finally the spiritual laws.

Nature obeys God more than man who has shown his limits even in the face of Covid-19.

The earth has been faithful to God as well as the sun, the moon and the stars for long centuries.

Universal laws have failed in the face of Covid-19 and other diseases.

But spiritual laws never fail for anyone who believes in God with all their heart!

The gate to the Garden of Eden was closed after the fall of man, and the gate to heaven was opened from the cross!

It is no longer with natural laws, nor universal laws that we enter heaven, it is with spiritual laws whose major asymptotes are:

- The faith
- Hope and
- Love

He who believes is doing well, but he should not stop at faith. He will have to go further towards hope and love.

We do not believe in the Lord to belong to a local church. It is to belong to him and to serve him.

Like a good architect, we start our revolution in the spiritual realm with the new birth crossing the Red Sea where we let the flesh die to continue with the spirit because God is Spirit.

There is a fight between the spirit and the flesh. And it is to this level that we must raise the lintel in praise, worship, reading the Word of God and meditating it.

« Let not this book of the law depart from your mouth; meditate on it day and night, to act faithfully according to all that is written in it; for it is then that you will be successful in your endeavors, it is then that you will be successful. »
Joshua 1: 8

Christianity is not a tradition, nor a religion, but rather a life.

We live with God as Father, Son and Holy Spirit in our hearts so that we can manifest his presence in our daily life.

We must go from Jerusalem (our person) to Judea (our family); in Samaria (our society or our nation) and to the ends of the earth (the whole world).

This Good News must also reach Asia before the Lord returns. For we are saved to bring salvation to others and to show them how good the Lord God is.

We will not only remain in the family and the local church, we are called to raise our lintel and rise in the Word of God to attain Christ's perfect stature.

After spiritual sphere we have the guarantee of physical, material, financial and emotional aspect to positively mark our time and attract others to the Lord.

The body is our first enemy because it has desires contrary to God's will.

And temptation comes first in flesh. We then need personal mastery to go further.

And it is in the Holy Spirit that we will find it without paying.

We don't have to exercise to develop a sense of responsibility for what we do.

We have to heal the body and nourish it. We also need to protect ourselves from bad things.

In addition we must work and save to grow in the financial and material realm and remember tithes and offerings as well as thanksgivings for our prosperity.

Finally comes the great equation of life, that of the good management of emotions!

It is easy to manage our actions, but difficult to control our reactions and emotions.

This is the need for the Sermon on the Mount and for fellowship with the Holy Spirit.

“For I say to you, unless your righteousness exceeds that of the scribes and Pharisees, you will not enter the kingdom of heaven.

You have heard that it was said to the elders, You shall not kill; he who kills deserves to be punished by judges.

But I tell you that whoever gets angry with his brother deserves to be punished by judges; that the one who will say to his brother: Raca! Deserves to be punished by the Sanhedrin; and whoever says to him, Fool! Deserves to be punished by the fire of hell.

So if you present your gift at the altar, and there remember that your brother has something against you,

Leave your gift there before the altar, and go first be reconciled to your brother; then, come and present your offering.

Agree quickly with your adversary, while you are on the way with him, lest he hand you over to the judge, and the judge deliver you to the officer, and you be put in prison.

I tell you the truth, you will not get out of this until you have paid for the last quadrant.

You have heard that it was said, You shall not commit adultery.

But I tell you that whoever looks at a woman to lust after her has already committed adultery with her in his heart.

If your right eye causes you to stumble, tear it out and throw it away from you; for it is to your advantage that one of your members should perish, and your whole body should not be cast into hell.

And if your right hand causes you to stumble, cut it off and throw it away from you; for it is to your advantage that one of your members should perish, and your whole body should not go into hell. " Matthew 5: 20-30

This constitutes the school of rigor!

We must raise the lintel above that of the scribes and Pharisees.

We have to move from the lintel of Nicodemus to that of the Samaritan woman.

Now is the time to move from the lintel of theory to that of practice.

We must move from words to works and from faith to miracles.

Without the Holy Spirit, this exercise is difficult and even impossible!

Adam accused his wife before God and Jesus took the place of his Bride at the cross!

« You have heard that it has been said: an eye for an eye, and a tooth for a tooth.

But I tell you not to resist the bad guy. If anyone hits you on the right cheek, turn the other to him as well.

If anyone wants to sue you, and take your tunic, give them your coat again.

If someone forces you to go a mile, go with them two.

Give to the one who asks you, and do not turn away from the one who wants to borrow from you.

You have heard that it has been said, Love your neighbor and hate your enemy.

But I say to you: Love your enemies, bless those who curse you, do good to those who hate you, and pray for those who mistreat you and persecute you,

That you may be the children of your Father who is in heaven; for he makes his sun to rise on the wicked and on the good, and sends rain on the just and on the unjust. » Matthew 5: 38-45

This part represents the school of sacrifice because we have to raise our lintel up to love those who do not love us. And if Moses returned to our midst at this moment to read this word with us, he will tell us that it is not the one he heard at Mount Sinai!

SAMSON'S LINTEL

Samson, a strong man also had a lintel. This strong man who had great physical strength had a great fondness for Delilah, the Philistine.

« After that, he loved a woman in Sorek Valley. Her name was Delila.

Philistines princes came up to her, and said to her, Flatter him, that you may find out where his great strength comes from, and how we can master him; and we will bind him to subdue him, and we will give each one a thousand and a hundred shekels of silver.

Delilah said to Samson: Tell me, I pray you, where does your great strength come from, and with what you would have to bind you to tame you.

Samson said to him: If I were bound with seven fresh ropes, which were not yet dry, I would become weak and I would be like another man.

Philistine princes brought Delilah seven fresh cords, which were not yet dry. And she tied him with these ropes.

But people were lying in ambush at her house, in a room. She said to him: Philistines are upon you, Samson! And he broke the cords, as a cord of tow breaks when it smells of fire. And no one knew where his strength came from.

Delilah said to Samson: Behold, you have played with me; you have told me lies. Now, please tell me what to bind you with.

He said to her I were tied with new ropes, which had never been used, I would become weak and I would be like another man.

Délila took new ropes, with which she tied him. Then she said to him, Philistines are upon you, Samson! Now people were lying in ambush in a room. And he broke the ropes he had in his arms like a thread.

Delilah said to Samson: Until now you have played with me, you have told me lies. Tell me what to bind you with. He said to him: You only have to leave the seven braids of my head with the chain of the fabric.

And she stared at them by the ankle. Then she said to him, Philistines are upon you, Samson! And he woke up from his sleep, and he tore the ankle from the cloth and the cloth.

She said to him: How can you say: I love you! Since your heart is not with me? Three times you've played with me, and you haven't told me where your great strength comes from.

As she was daily tormenting and annoying him by her entreaties, his soul grew impatient at death,

He opened all his heart to her, and said to her, `` The razor has not passed over my head, because I have been consecrated to God from my mother's womb. If I were shaved, my strength would fail me, I would become weak, and I would be like any other man.

Delilah, seeing that he had opened all his heart to him, sent and called the princes of the Philistines, and made them say, Go up this time, for he has opened all his heart to me. And the princes of the Philistines came up to her, and brought the money into their hands.

She put him to sleep on her knees. And having called a man, she shaved off the seven plaits of Samson's head, and thus began to tame him. He lost his strength.

She then said: Philistines are upon you, Samson! And he awoke from his sleep, and said, I will get out of this like the other times, and I will get out. He did not know that the Lord had withdrawn from him.

Philistines seized him and gouged out his eyes; and they brought him down to Gaza, and bound him with brazen chains. He was turning the grindstone in the prison. » Judges 16 4:21

Samson gave his strength to God and his heart to Delilah while Delilah had given her body to Samson and his heart to her people because of the money.

Greed is a nasty flaw that drives women down the path of prostitution and men down the path of theft and embezzlement.

Money was more important to her than Samson's heart. She had forgotten one thing. That is, she died the same day with Samson while Judas died a day before Jesus whom he had betrayed.

Whenever Samson diverted her attention to the secret of her strength, she lifted the lintel in kindness and charm.

And finally she got the secret of Samson’s strength and sold it to the Philistines for cash.

Yes, money is a lintel that has sunk many people into ruin and perdition.

« No one can serve two masters. For either he will hate the one and love the other; or he will cling to one and despise the other. You cannot serve God and mammon. » Matthew 6:24

Once again, Mount Sermon answers money question. The love of God must come first in our life. Our priority is the cause of the kingdom of heaven.

« Don't indulge in the love of money; be content with what you have; for God himself has said, I will not forsake you, neither will I forsake you. » Hebrews 13: 5

Joseph had never used money to raise his life lintel all his life. He gradually went from lower to higher stages without a bank account and without a single degree, and wrote on the margins of his family and that of the people of Israel.

John the Baptist, the greatest of all who are of the woman lived above silver lintel.

I am not asking you to burn your bank account balance, but to be in control so that you do not become a slave to money!

You are already at God's service, do not yet put yourselves in that of money like Delilah and Judas Iscariot!

And when Samson opened his heart to her, she made him enter 3 things:

- Captivity,
- Blindness and
- The death.

Captivity, after having cut his hair was followed by non-negotiated departure of divine force which was in him.

Who and what are you captive of?

Money ?

Sex?

Fun from this world?

Of others' suffering?

The list is not exhaustive...

Become God's slave and he will make you great in everything you do!

After Delilah's betrayal, everyone had forgotten that his hair began to grow and the strength of God who renews his goodness every morning began to return to him little by little.

And when he felt fit to respond he gave back his strength, his heart and even his life to God by dying that day with 3,000 people including the traitor Delilah.

MOSES'LINTEL

« Moses the Lord's servant died there in the land of Moab, at the command of the Lord.

And the Lord buried him in the valley in the land of Moab opposite Beth Peor. No one has known his sepulcher until this day.

Moses was a 120 years old when he died; his eyesight was not weakened, and his vigor had not passed.

The children of Israel mourned for Moses 30 days in the plains of Moab; and those days of weeping and mourning over Moses came to an end.

Joshua the son of Nun was filled with the spirit of wisdom, for Moses had laid his hands on him. The children of Israel obeyed him, and did as the Lord commanded Moses.

There no longer appeared in Israel a prophet like Moses, whom the Lord knew face to face.

No one can be compared to him for all the signs and wonders that God sent him to do in the land of Egypt against Pharaoh, against his servants, and against all his land,

And for all the wonders of terror that Moses performed with a strong hand before all Israel. » Genesis 34: 5-12

Moses' lintel, Israel people's deliverer was death. He was an exceptional prophet among the people of Israel who were strong in signs and miracles.

This man died in the land of Moab after cutting the Red Sea with his staff, leading God's people in the desert for 40 years at 120 years old with still powerful eyesight when I put on my glasses at 30!

No one to this day has known his sepulcher because he was buried by God himself without allowing him to cross the Jordan in order to bring Israel into the Promised Land.

The lintel of the giants in this system of things is death!

We will die one after another or once in a group before we go to meet the one we came from!

If a mighty and strong man like Moses could not cross the Jordan in front of God, how much more should we not prepare for eternal life while it is yet day.

This man spoke face to face with God at Sinai Mount for 40 days and 40 nights and died one day without having finished his mission completely, what about you and me in the harvest of the Lord?

Yes, the harvest is great and no one can personally do it all. It was because of this that Moses had a good and faithful servant, Joshua son of Nun, who took over after him.

Why did Moses die?

Death is natural and visits each human being and animal in his time according to the goodwill of our God and Heavenly Father.

In the case of Moses, he could well cross the Jordan and go to die in his time in the promised land in his time.

However, this mission was stopped by God himself because of the disobedience of Moses, as it is written:

« Take the rod, and call the assembly, you and your brother Aaron. In their presence you shall speak to the rock, and it will give its waters; out of the rock thou shalt bring water for them, and water the congregation and their cattle.

Moses took the rod that was before the Lord, as the Lord commanded him.

Moses and Aaron called the assembly in front of the rock. And Moses said unto them, Hear now, rebels! Is it from this rock that we will bring you out of the water?

Then Moses raised his hand and struck the rock twice with his rod. There was plenty of water out. The congregation drank, and so did the cattle.

Then the Lord said to Moses and to Aaron, Because you did not believe on me, to sanctify me in the sight of the children of Israel, you shall not bring this assembly into the land which I am giving them. » Numbers 20: 8-12

Moses' disobedience was not straightforward. It was linked to tradition or routine of living with God.

We cannot get used to God because each time he talks to us, he has special instructions for us!

The last time Moses brought water out of the rock, he used the staff and struck the rock.

This time it was no longer necessary to hit the rock but to speak in front of it...

In front of the Jewish congregation, Moses struck the rock twice instead of speaking to it because it was Christ Himself who accompanied them.

Because of this, he was refused entry into the Promised Land because God is faithful to his Word which is himself!

Let's not get used to God. Let us renew our attachment and our loyalty to him every day of our life in this system of things.

GOLIATH’S LINTEL

He was a strong and powerful man who challenged God's people for 40 days.

« Saul said to David, You cannot go and fight with this Philistine, for you are a child, and he has been a man of war from his youth.

David said to Saul, Your servant was shepherding his father's sheep. And when a lion or a bear came and took one from the flock,

I was running after him, and I would strike him, and I would pluck the sheep out of his mouth. If he stood up against me, I would grab him by the throat, hit him, and kill him.

So your servant has slain the lion and the bear, and it will be with the Philistine, this uncircumcised, as with one of them, for he has reviled the host of the living God.

David said again, The Lord who delivered me out of the claw of the lion and out of the paw of the bear, will also deliver me out of the hand of this Philistine. And Saul said to David, Go, and the Lord be with you.

Saul put on his garments for David, and put a helmet of brass on his head, and put a breastplate on him.

David girded Saul's sword over his clothes, and wanted to walk, for he had not yet tried. But he said to Saul: I cannot walk in this armor, I am not used to it. And he got rid of it.

He took his staff in his hand, chose five polished stones from the torrent, and put them in his shepherd's bag and in his pocket. Then, sling in hand, he advanced against the Philistine.

Little by little the Philistine approached David, and the man who carried his shield walked before him.

The Philistine looked, and when he saw David he despised him, seeing in him only a child, fair and of a beautiful face.

The Philistine said to David, Am I a dog, that you come to me with sticks? And, after having cursed him by his gods,

He added: Come to me, and I will give your flesh to the birds of the air and to the beasts of the field.

David said to the Philistine, You are walking against me with the sword, the spear, and the javelin; and I am walking against you in the name of the Lord of hosts, of the God of the host of Israel, whom you have reviled.

This day the LORD will deliver you into my hand, and I will strike you down and cut off your head; this day I will give the dead bodies of the Philistine camp to the birds of the air and to the beasts of the earth. And all the earth will know that Israel has a God. » 1 Samuel 17: 33-46

Goliath was the steadfast lintel of Israel before which Saul, his son Jonathan, and all the people of Israel shuddered.

No one could respond to the challenge of this uncircumcised before the people of God.

He also had a lintel that the others didn't know.

David asked King Saul for permission to go and take away the shame of Israel in the face of this uncircumcised.

Saul in no way believed that this child could overthrow the giant Goliath.

He gave him the clothes of his war lintel, but David gave back them to him and decided to go with a staff and 5 stones from the torrent.

David's lintel was trust in God.

Goliath's lintel was contempt and confidence in his physical strength!

And that day, he lost the battle and died on the spot under the sword of the young David who cut off his head which he brought to King Saul who could not believe it...

There are several lintels that block the door to success:

- Fear
- Doubt
- Lie
- Pride
- Contempt
- Neglect
- Disbelief

- Division
- Lack of forgiveness
- Life in sin
- Ignorance
- Lack of Holy Spirit
- Selfishness and other similar things.

I do not know what is written on your door lintel.

I suggest that you delete it to mention henceforth: « Only believe in the Lord Jesus and you will be saved, you and all your family ».

CONCLUSION

We are all limited in one way or another despite our willingness to go further. And for that we need the one who has no lintel neither in the past, in the present and in the days to come.

Jesus is our lintel through faith in him who makes us walk from glory to glory and from victory to victory.

It is he who gives us the Holy Spirit we need in order to break through the barriers of our enemy.

Everything that God has created moves and moves in one way or another. We must also be active because Christian faith is a dynamic life whose balance resembles that of a two-wheeled bicycle!

We still have to raise the lintel on this day so that tomorrow we can do what we could not do last day!

We are not going to limit ourselves to just raising the lintel, but also raising ourselves like David.

He came that day as a shopping boy to see how his big brothers were doing on the front lines.

He raised the lintel by refusing to be afraid like others and trusting in God and this raised him to the rank of stepson of the king and later he also became king!

This is faith fight which does not consist in shouting and casting out demons...

On the contrary, it consists in entering his room and closing the door of his heart to evil in order to open it to good with God.

Peter fell on the waters of Lake Galilee, he denied Jesus 3 times, he threw the net on the left all night long without taking a single fry, but on the day of Pentecost, he raised his lintel and brought 300,000 souls back to the Lord.

Let us come together and believe in God to raise our spiritual, physical, material, financial and emotional lintel so that the King of all glory may enter.

The Author

THE AUTHOR

Sylvanus Mulowayi Wa Kayumba, Sworn Translator, Polyglot, Chaplain and Preacher of the Word of GOD.

With a 37-year-old feather in his hand, as a solitary rider, his passion, noble ideas, a job well done and a love of the beautiful.

Almost half of his life he has spent with the sick and the prisoners in the chaplaincy.

One thing is true is that every man has the right to love, appreciate and think. His strength lies in the pleasure of writing and also reading others. He has great respect, consideration and deference for the pen and the sheet of paper.

Her dream is to bring together the breeze and the storm in one bed and under one sheet for a world led by love and forgiveness.

His expectation is that one day the rich and the poor, the strong and the weak, the master and the slave will meet to contemplate together the one from whom they came out and to whom they will one day return, each in his time and in its circumstance.

Can only receive the one who has already given once, at least!

The Author

Sylvanus Mulowayi Wa Kayumba
Email : dasylvahmolvak@gmail.com
You Tube : Dasylvah Only Jesus

CONTENTS

Printed by Books on Demand GmbH, Norderstedt / Germany